10638

Pieces Contenues dans ce Recueil

1. La Mahométe, Comédie de Voltaire. à Paris (Prix) ¥
2. Ronde, sur la Prise de Mahon, chantée à la Comédie françoise, en 17
3. Chanson contre les anglois en 1755. Réponses, la suivante Et.c
4. Prognostic en 1745. Papa paucis dicam &c. P.S.
5. Lettre Interceptée au S.r de N.é sur de la Compagnie d'Ambroise
6. Chansons sur les Loges, sur la guerre continuelle des jesuites 1756
7. Les Rouge-Tout, en 1756. Le titre Prosuictical &c.
8. Memoire presenté aux Etats Generaux par Mr Mollon chargé d'affaires du Roy de Prusse en 8.bre 1756, avec un Extrait Pariv de la Reponse de Mieux au Memoire de Mr de Kauderbach. 1756.
9. Le Triomphe de l'Hymen, ou le Mariage de M.le Dauphin. Poëme par Paquin le fils. Paris, 1745.
10. Petite Carte de France, par Julien
11. Epitre (en Vers) au Roi par un Philosophe d'action (ôté à vrai dire)
12. Catalogue des Archevêques de la Province de France en 175
13. Idem en 1757

LA MAHONOISE.

COMÉDIE NOUVELLE.

A CITADELLA.

M. DCC. LVI.

AVERTISSEMENT.

La Prise du Fort S. Philippe, qui fait tant d'honneur aux François, mérite d'être célébrée de toutes les manieres. On a tiré de cette Action, & des circonstances qui y ont donné lieu, le sujet de cette petite Comédie.

Les Anglois ne s'étoient emparés de cette Place le 29 Septembre 1708, que par la trahison du Gouverneur qui favorisoit le parti de l'Empereur.

Cette petite Piéce n'a pas été faite pour être représentée. On en devinera aisément la raison.

On s'y est permis quelques plaisanteries, qui ne ressemblent en rien aux injures grossieres dont la Scène de Londres a retenti.

ACTEURS.

PICOLETTE, *Mahonoise.*
ISABELLE, *Gouvernante de Picolette.*
Sir FAITH-LESS, *Anglois.*
D. FERNAND, *Espagnol.*
Le Marquis de FRANCHEVILLE, *François.*

La Scène est à Minorque.

LA MAHONOISE.

COMÉDIE NOUVELLE.

SCÈNE PREMIERE.
FAITH-LESS. ISABELLE.

FAITH-LESS.

UELLES obligations ne t'ai-je pas, ma chere Isabelle ; c'est à tes soins généreux que je dois mon entrée dans cette maison & la connoissance de Picolette.

ISABELLE.

Monsieur, je ne mérite pas tant de beaux remercimens. J'ai été généreuse parce que vous avez été libéral. Je vous assure que sans vos guinées, vous seriez encore à vous morfondre à notre porte.

A iij

FAITH-LESS.
Aimable Gouvernante, redouble tes soins auprès de ta Maîtresse, je t'en conjure.
ISABELLE.
Monsieur, redoublez vos présens, je vous en supplie.
FAITH-LESS.
Ils ne me furent jamais si nécessaires.
ISABELLE.
Je n'eus jamais un besoin d'argent si pressant.
FAITH-LESS.
Je n'épargnerai rien.
ISABELLE.
En ce cas je suis prête à tout faire pour votre service, autrement je suis une Gouvernante incorruptible.
FAITH-LESS.
Je te donne ma parole......
ISABELLE.
Bon bon, des paroles ! Est-ce que vous pouvez encore en donner ? Il y a si long-tems que vous en manquez.
FAITH-LESS *donnant une bourse.*
Tiens, ma chere, tu vois bien que je suis homme à les tenir.
ISABELLE.
Vous prenez le bon parti. Cela sonne bien mieux que tous vos discours dorés. Maintenant je puis vous répondre du cœur de ma Maîtresse. Il est aussi sûr qu'il sera à vous dans la journée, qu'il est vrai que vous êtes un galant-homme.
FAITH-LESS.
Un pareil bonheur n'est point le but de mes

COMÉDIE.

espérances. Je m'estimerai trop heureux si j'obtiens seulement sa main.

ISABELLE.
C'est-à-dire, que vous êtes amant, sans être amoureux.

FAITH-LESS.
Tu l'as deviné.

ISABELLE.
Attendez du moins que vous soyez marié pour montrer tant d'indifférence.

FAITH-LESS.
Veux-tu que je te parle franchement. J'ai plus d'ambition que d'amour. Je ne suis pas de ces insensés qui, comme j'en connois, se livrent avec passion à des chimères, qu'ils appellent plaisir, sentiment, amitié. Je n'y crois pas. Les premiers mouvemens de mon ame m'ont d'abord fait pancher vers ces belles choses-là ; mais le bon sens me rappelle maintenant à l'utile. C'est le seul but que doit se proposer un être raisonnable. Tout ce qui n'y conduit pas doit être rejetté ; fût-ce même l'humanité & la vertu.

ISABELLE.
Ma foi vous avez raison, (*frotant son pouce sur le doigt index, comme si elle comptoit de l'argent ;*) & je trouve votre premier argument bien favorable à votre thése.

FAITH-LESS.
Oui je prise moins la possession de Picolette que les biens qui en sont la suite. Ils me mettront en état d'étendre mon commerce & de ruiner celui de mes voisins. C'est ce que je désire depuis long-tems.

Isabelle.

Vous vous y prenez bien. Voilà le fin du commerce. Je commence à pénétrer toute la profondeur de vos vûes. Ce grand étang dont Picolette a la jouissance sa vie durant, ne contribuera pas peu à vous faire parvenir à vos fins. A propos, quand vous irez y pêcher, faites provision de meilleurs filets que ceux dont vous vous servites il y a quelque tems.

Faith-less.

Que veux-tu dire par-là.

Isabelle.

Il paroît que vous oubliez aisément vos disgraces. Quoi, vous ne vous souvenez plus que vos filets se rompirent sans rien prendre ?

Faith-less.

Bagatelle que cela. Une autrefois j'aurai soin de les mettre en si bon état, que s'ils se rompent, ce sera pour avoir pris trop de poisson.

Isabelle.

En tout cas, ménagez mieux votre amorce, & sur-tout prenez garde de vous noyer. Mais je vois venir Picolette. Laissez-nous ensemble. Je vais lui parler en votre faveur.

COMÉDIE.

SCÈNE II.
PICOLETTE. ISABELLE.

PICOLETTE.

AS-tu vû D. Fernand ? Lui as-tu dit que je l'attens ? Viendra-t'il aujourd'hui ?

ISABELLE.

Je ne conçois rien à cette impatience. Je croyois que l'Anglois avoit pris sa place dans votre cœur.

PICOLETTE.

Qui, Faith-less ? Ah, ma chere ! j'ai pour lui une répugnance invincible.

ISABELLE.

Bon bon, le tems remediera à ce petit inconvénient. Le mariage a des effets que vous ne connoissez pas. Par exemple, croiriez-vous que rien n'est plus ordinaire que de voir des maris qui n'ont été aimables que dans le tems qu'ils nous faisoient leur cour, & d'autres aussi qui ne sont parvenus à nous plaire, qu'après être devenus nos époux ? Je crois que notre Anglois sera dans ce dernier cas.

PICOLETTE.

Pour moi je pense qu'il est plus difficile de passer de l'amour à l'indifférence que de l'indifférence à l'amour. Je ne pourrois me résoudre à épouser un homme que je n'aimerois pas.

ISABELLE.

Vieux sentimens que cela ! Croyez-moi, Madame, agissez comme on pense aujourd'hui. Ne consultez que l'intérêt. Quand on n'est pas bien dans ses affaires, le cœur est bien mal dans les siennes. Faith-less est un excellent parti. Voilà la premiere qualité que doit avoir un mari pour se rendre aimable.

PICOLETTE.

Si c'est-là une qualité, je la trouve aussi dans D. Fernand.

ISABELLE.

Ah! Madame, je mets une grande différence entre un riche Commerçant qui a des fonds inépuisables, & un Gentilhomme dont les revenus sont bornés, & qui est obligé par état à faire des dépenses qui retombent toujours dans le Commerce.

PICOLETTE.

Tout ce que tu diras ne pourra faire changer mon inclination.

ISABELLE.

Mais, Madame, faites-donc attention que l'Anglois vous laissera joüir d'une liberté sans bornes.

PICOLETTE.

Ce que tu appelles liberté n'est en effet que licence. Cette fausse liberté tant vantée ne cause que trop souvent la division des cœurs. Croi-moi, une honnête femme est toujours libre quand elle n'a d'autres volontés que celles d'un mari équitable & qui l'aime.

ISABELLE.

Songez donc qu'un Espagnol ne peut être qu'un mari méfiant, incommode, jaloux.

PICOLETTE.

La jalousie qui a de justes bornes est la preuve

d'un grand amour. Je connois Faith-leff. Il ne fera pas jaloux de fa femme, parce qu'il ne l'aimera pas; mais il le fera du bonheur des autres. Sens-tu quels maux doivent fuivre une maniere de penfer auffi dangereufe.

ISABELLE.

Jugez de lui plus favorablement.

PICOLETTE.

Je ne reviendrai jamais des impreffions que fa conduite m'a données. Ne m'en parle pas davantage. Je ne fçaurois me réfoudre à recevoir la main d'un homme dont tout le monde connoît la cupidité, la fauffeté, l'emportement, la cruauté même; enfin d'un homme perdu de réputation.

ISABELLE à part.

Reftons-en-là pour cette fois. Je perdrois mon tems & ma réthorique. Mais j'apperçois D. Fernand. Quel parti prendre? (haut.) Vous êtes donc décidée à le congédier.

PICOLETTE.

Oh! fort décidée.

ISABELLE.

Sauvez-vous donc promptement; car je le vois venir droit à nous.

SCÈNE III.

D. FERNAND. ISABELLE.

D. FERNAND.

Quoi donc ! Picolette évite ma préfence.
ISABELLE.
Il y a toute apparence que c'eft-là fon intention.
D. FERNAND.
Mon cœur a peine à en croire mes yeux. En aimeroit-elle un autre que moi ?
ISABELLE.
Cela pourroit bien être.
D. FERNAND.
Tirez-moi de cette cruelle incertitude.
ISABELLE.
Rien n'eft plus aifé, en deux mots : on vous préfere un Rival, & je fuis chargée de vous donner votre congé.
D. FERNAND.
Qui eft donc ce Rival, Faith-leff ?
ISABELLE.
Lui-même.
D. FERNAND.
Eft-il poffible ?
ISABELLE.
Sans doute, puifque cela eft.
D. FERNAND.
Qu'ai-je donc fait pour mériter un pareil traitement ?

COMÉDIE.

ISABELLE.
Que sçais-je moi ? Examinez-vous bien.

D. FERNAND.
Plus je pense à son ingratitude moins je la trouve excusable.

ISABELLE *à part.*
Cela prend un assez bon tour. (*haut.*) Vous devriez l'oublier pour jamais.

D. FERNAND.
L'ingrate, la perfide !

ISABELLE *à part.*
Fort bien. (*haut.*) Elle ne méritoit pas de fixer un amant tel que vous.

D. FERNAND.
Quelles raisons peut-elle avoir pour me fuir.

ISABELLE *à part.*
Je ne sçais que lui répondre.

D. FERNAND.
M'auroit-elle cru capable de changer ?

ISABELLE.
Entre nous il pourroit en être quelque chose.

D. FERNAND.
Quoi donc ? ma constance n'a-t-elle pas été mise à toute épreuve.

ISABELLE.
Là, là, rabattez avec moi de tous ces beaux sentimens. Parlons franchement. Une Coquette s'imagine qu'un Amant ne doit soupirer que pour elle, & qu'elle seule est en droit de recevoir les hommages d'une foule de soupirans. Parce que celle-ci sçait qu'elle a une *figure régulière*, d'assez *beaux traits*, une *jolie bouche*, *l'haleine douce*, de *belles dents*; elle a cru modestement que vous seriez

assez imbécile pour ne former que des désirs dont elle seule seroit l'objet : mais vous n'avez pas été si dupe, & vous avez eu raison.

D. FERNAND.
Comment vous me croyez aussi infidéle ?

ISABELLE.
Oh ! j'aime bien cette question. A quoi bon dissimuler ? Nous connoissons l'objet de votre nouvelle tendresse.

D. FERNAND.
Pourriez-vous m'en nommer un qui me touchât plus que Picolette ?

ISABELLE.
Cela ne seroit pas difficile.

D. FERNAND.
Quel est-il ?

ISABELLE *riant.*
C'est pousser trop loin la plaisanterie. Ne sçavons nous pas bien que c'est. . . . .

D. FERNAND.
Qui ? achevez.

ISABELLE *à part.*
Moi ? non, il seroit peut-être assez impoli pour me donner un démenti en face.

D. FERNAND.
Eh bien ! c'est. . . . . .

ISABELLE *après avoir un peu rêvé.*
Je veux vous laisser deviner.

D. FERNAND.
C'est Picolette.

ISABELLE.
Non, mais sa grande sœur.

COMÉDIE.

D. FERNAND *avec émotion les premiers mots.*

Il n'en est rien. Gardez-vous bien de le croire au moins. Je les aime toutes deux également ; mais s'il faut faire un choix entr'elles, je ne balancerai pas un moment à nommer Picolette.

ISABELLE.

Nous sçavons à quoi nous en tenir.

D. FERNAND.

Comment vous croyez encore que j'aime sa grande sœur plus qu'elle ?

ISABELLE.

Assurement. Et personne ne le croit plus fermement que Picolette.

D. FERNAND.

Oh ! désabusez-la.

ISABELLE.

Je n'en viendrai jamais à bout.

D. FERNAND.

Je vous en conjure.

ISABELLE.

Je ne vois qu'un moyen pour cela.

D. FERNAND.

Quel est-il ?

ISABELLE.

C'est d'écrire une lettre à la grande sœur par laquelle vous lui direz que vous ne l'aimez plus, & que vous ne respirez que pour Picolette. Je ferai voir ce billet, comme par hazard, à ma maîtresse qui vous en sçaura bon gré & ne manquera pas de vous rendre toute sa tendresse.

D. FERNAND.

Pourquoi voulez-vous que je me brouille avec sa sœur, en lui écrivant une pareille lettre ?

ISABELLE.
On pourra se dispenser de la lui faire parvenir.
D. FERNAND.
Venez. Je suis prêt à faire tout ce que vous me conseillerez, plutôt que de perdre le cœur de ma chere Picolette.

SCÈNE IV.

PICOLETTE. LE MARQUIS DE FRANCHEVILLE.

PICOLETTE.

EN vérité, Marquis, vous me faites trembler. Que pensera-t-on de me voir ainsi tête à tête avec vous ?

LE MARQUIS.

Ne craignez rien, belle Mahonoise, on ne fera que louer la bonté que vous avez d'entretenir un étranger & de lui faire oublier qu'il n'est plus dans son pays. On ne blâmera jamais une simple politesse, de simples égards. Ils sont autorisés par vos usages. Ils vous sont communs avec toutes les nations civilisées. Il n'y a que des barbares qui auroient l'inhumanité de les refuser.

PICOLETTE.

Vous me rassurez: Je ne vois rien en effet de plus naturel. Je voudrois pouvoir dissiper cette sombre tristesse qu'un Etranger laisse toujours appercevoir malgré soi, lorsqu'il est éloigné d'une patrie qu'il regrette; mais il ne tient pas à moi. Ma conversation
n'a

n'a pas assez de charmes pour vous faire oublier que vous n'êtes plus avec vos Dames de France. On les dit si aimables !

LE MARQUIS.

Oui, Madame, elles le sont ; mais je suis sûr que si vous étiez parmi elles, vous en feriez le plus bel ornement.

PICOLETTE.

Cet éloge est trop flateur.

LE MARQUIS.

Il est sincere, Madame, & vous le méritez.

PICOLETTE.

On vous accuse d'être un peu trop complimenteurs, vous autres François. Ce petit défaut ne va pas toujours avec la sincérité.

LE MARQUIS.

Je crois ce reproche mal fondé. Rendez-nous plus de justice, Madame. Nous sentons beaucoup, nous disons tout ce que nous sentons. Voilà notre défaut.

PICOLETTE.

A vous entendre on vous croiroit de la franchise.

LE MARQUIS.

Vous me feriez tort si vous pensiez le contraire.

PICOLETTE.

Quoi sérieusement vous vous piquez d'en avoir.

LE MARQUIS.

Pourquoi n'en aurois-je pas ?

PICOLETTE.

Je serois bien curieuse d'en être témoin. Après ce qu'un de vos voisins m'a dit, elle me surprendroit beaucoup. Excusez si je vous parle un peu librement.

B

Le Marquis.

Madame, vous me faites plaisir ; & si vous me permettez d'user de la même liberté, votre curiosité sera bientôt satisfaite.

Picolette.

J'y consens pour la rareté du fait.

Le Marquis.

La premiere fois que j'eus l'honneur de vous voir, vos attraits ne firent sur moi qu'une légère impression.....

Picolette *d'un air serieux*.

Voilà vraiment de la plus franche sincerité.

Le Marquis.

Ecoutez-moi jusqu'au bout. Quelques heures après je vous examinai davantage. Je sentis un petit frémissement dont je ne fus pas le maître...

Picolette *à part, d'un air piqué.*

Pour le coup c'est abuser de la permission.

Le Marquis *tendrement*.

Ce doux frémissement que me causa la vûe de vos charmes se rendit maître de tous mes sens. Je voulus vous parler du trouble où vous me jetticz ; je n'en eus pas la force. Je vous quittai, pénétré d'amour & d'admiration.

Picolette *d'un air satisfait*.

Vous m'avez promis d'être sincere. Ne l'oubliez pas.

Le Marquis.

Je le suis, Madame. Le lendemain je me promis de vous déclarer ma passion. Je vous abordai. Une crainte mêlée de respect me retint encore. Vous me parliez ; je ne pouvois vous répondre que par quelques mots mal articulés. Mes yeux étoient fixés sur les vôtres. Je vous écoutois attentivement. Vous me paroissiez plus belle encore que la veille, votre esprit me ravissoit, mais ma bouche restoit toujours muette. Elle alloit enfin s'ouvrir, lorsque quelqu'un vint rompre notre tête à tête. Alors je crus qu'on m'arrachoit le cœur. Je vous quittai encore, mais plus triste & plus accablé que la premiere fois.

PICOLETTE *à part.*
Qu'il est tendre, s'il est sincere !

LE MARQUIS.
C'est depuis ce jour-là que j'ai été en proye à cette tristesse que vous avez remarquée. Je n'ai jamais été assez heureux pour vous trouver seule. Puisque j'ai ce bonheur, souffrez que je vous déclare aujourd'hui tout ce que mes yeux n'ont pû vous exprimer que foiblement. Je brûle pour vous de l'amour le plus tendre.

PICOLETTE *d'un air émû.*
Parlez-vous tout de bon, Marquis ?

LE MARQUIS.
Que ne pouvez-vous lire au fond de mon cœur ?

PICOLETTE.
Tant de sincerité commence à m'allarmer.

LE MARQUIS.
Ah ! Madame, vous pouvez d'un seul mot rendre le calme à mon ame.

PICOLETTE.
Ceci devient sérieux.

LE MARQUIS.
Témoignez-moi ce qui se passe dans votre cœur avec cette même franchise que vous venez d'exiger de moi. Etes-vous sensible à mon amour ? Parlez. Vous me rendrez le plus heureux ou le plus malheureux des hommes.

B ij

PICOLETTE.

Je ne puis vous répondre. Il m'en coûteroit trop.

LE MARQUIS.

J'ai le malheur de vous déplaire, je le vois.

PICOLETTE *s'attendrissant*.

Que n'avez-vous parlé plûtôt? Je n'aurois pas donné mon cœur. Je n'aurois pas promis ma main à un autre que vous.

LE MARQUIS.

Qu'entens-je! Je dois respecter ses droits & votre repos. Je vais pleurer loin de vos yeux le malheur d'avoir été prévenu.

PICOLETTE *regardant le Marquis qui sort*.

Le pauvre enfant! qu'il me paroît digne d'être aimé! Si D. Fernand ne méritoit pas ma constance, il en alloit triompher.

SCÈNE V.

PICOLETTE. ISABELLE.

ISABELLE.

Réjouissez-vous, Madame, il vient de vous arriver un malheur.

PICOLETTE.

Que veux-tu dire?

ISABELLE.

Vous aimiez D. Fernand, n'est-ce pas?

COMÉDIE.

PICOLETTE.
Eh bien !

ISABELLE.
Vous étiez prête à lui donner votre main.

PICOLETTE.
Sans doute.

ISABELLE.
Sans moi vous épousiez un infidéle.

PICOLETTE.
Cela se peut-il ?

ISABELLE.
Un ingrat.

PICOLETTE.
Ne te trompes-tu point ?

ISABELLE.
Un traître, un monstre.

PICOLETTE.
Il ne faut pas toujours juger sur les apparences.

ISABELLE.
Oh ! je suis bien sûre de mon fait. Tenez, lisez cette galante missive, elle s'adresse à vous.

PICOLETTE *lit.*
» Votre vanité fait courir un bruit qui m'offense.
» Vous dites par-tout que je n'aime pas votre sœur,
» & que je ne soupire que pour vous. Il est tems de
» vous désabuser. Apprenez que je vous abandon-
» nerois plûtôt que de lui faire une infidélité. D.
» FERNAND.

ISABELLE.
Eh bien, Madame ! m'en croirez-vous une autre fois ?

PICOLETTE.
Me serois-je attendu à cette trahison ?

B iij

ISABELLE.
Je vous l'avois bien dit.

PICOLETTE.
Le Marquis n'en seroit pas capable.

ISABELLE.
Cela ne vous seroit pas arrivé, si vous aviez voulu suivre mes conseils.

PICOLETTE.
Tu as raison, j'aurois dû écouter tes avis. Quel parti prendre ?

ISABELLE.
Le voici. Répondez à cette lettre sur le même ton, & prenez une bonne fois la résolution de ne plus voir votre infidéle.

PICOLETTE.
Je t'ordonne de lui défendre ma porte, s'il se présente ici.

ISABELLE *appercevant Faith-less, & lui faisant signe de se retirer à l'écart.*

Passez dans votre cabinet, Madame, je vais vous y suivre. N'oubliez pas que le stile de la réponse doit être énergique.

SCÈNE VI.

FAITH-LESS. ISABELLE.

ISABELLE *allant au-devant de Faith-less.*

Nos affaires vont à merveilles. D. Fernand sera bien-tôt congédié.

COMÉDIE.

FAITH-LESS.

Comment pourrai-je reconnoître toutes les peines que tu prens.

ISABELLE.

Ce n'eſt pas tout. Il faut que je vous maintienne auprès de Picolette. L'entrepriſe n'eſt pas aiſée : mais repoſez-vous ſur moi, nous en viendrons à bout.

FAITH-LESS.

Dès que l'Eſpagnol a quitté la place, je penſe qu'il ne me ſera pas difficile de la conſerver.

ISABELLE.

Cela n'eſt pas auſſi aiſé que vous vous l'imaginez. Il y a dans cette Iſle un François qui me fait trembler pour vous. Les gens de ſon pays ont mille manieres d'attaquer les cœurs & de s'en rendre les maîtres. Tantôt ils ne font que ſe préſenter avec grace, & les voilà vainqueurs d'emblée. Tantôt ils ſçavent s'inſinuer par douceur. Une autrefois ils s'y prennent ſi courageuſement, qu'on n'a pas la force de les repouſſer. Quelquefois même un cœur qui ſe fonde ſur leur inconſtance, s'imagine que quelques mois de réſiſtance vont leur faire quitter priſe : point du tout ; ils y entrent tout à coup par eſcalade. Celui-ci me paroît être un des plus galans & des plus fins de ſa Nation.

FAITH-LESS.

Je ne ſçaurois croire que ce François ait des vûes ſur Picolette.

ISABELLE.

Eh ! qui l'en empêcheroit ?

FAITH-LESS.

J'ai cela dans l'idée. Je ne crois pas qu'il osât

jamais se donner un rival aussi rédoutable que moi.

ISABELLE.

Je ne sçais ; mais je ne trouve pas qu'il ait un air bien peureux.. Ce qu'il y a de certain, c'est que ma Maîtresse me paroit s'être coëffée de sa figure. Laissez-moi faire, je la ferai revenir de son engoûment, ou je ne pourrai. L'Espagnol une fois éconduit le François aura son tour. Je vous laisse. Je vais trouver Picolette. Elle doit me remettre certaine lettre de congé pour D. Fernand. J'ai bien des choses à vous dire là-dessus, mais vous les sçaurez une autrefois. Ne vous éloignez pas.

SCÈNE VII.

FAITH-LESS. LE MARQUIS DE FRANCHEVILLE.

LE MARQUIS *à part*.

JE ne puis résister à la curiosité que j'ai d'apprendre quel est l'Amant dont Picolette fait le bonheur.

FAITH-LESS.

Ah ! ah ! c'est mon ami Francheville. (*à part.*) Chien de François !

LE MARQUIS.

Quoi ? c'est vous, Faith-less ?

FAITH-LESS.

Je suis bien aise de vous voir en parfaite santé ! (*à part.*) La peste te créve !

COMÉDIE.

LE MARQUIS.
Je suis ravi de vous revoir.
FAITH-LESS.
Vos affaires réussissent-elles au gré de vos désirs ?
LE MARQUIS.
On ne peut mieux. Je vous souhaite autant de bonheur qu'il m'en arrive. Je n'eus jamais lieu d'être aussi content que je le suis.
FAITH-LESS.
J'en reçois une véritable satisfaction. (*à part.*) Je crève de dépit.
LE MARQUIS.
Comment va le commerce ?
FAITH-LESS.
Assez doucement. Vous sçavez la perte que j'ai éprouvée l'année derniere par celle qu'un de mes Correspondans a soufferte.
LE MARQUIS.
Nous y avons été tous fort sensibles. Il faut espérer qu'elle sera bien-tôt réparée.
FAITH-LESS.
Je suis charmé que le hazard nous procure l'occasion de renouer notre ancienne amitié.
LE MARQUIS.
Il y a long-tems que nous nous connoissons. Nous avons eu ensemble quelques démêlés ; mais, comme vous sçavez, ces petits débats sont la rocambole de l'amitié.
FAITH-LESS.
J'ai fait aussi cette remarque. Rarement verrez-vous de bons amis qui n'ayent eu ensemble quelques petites altercations.

LE MARQUIS.
Oublions les nôtres pour toujours.
FAITH-LESS.
Très-volontiers.
LE MARQUIS *tendant la main.*
Touchez-là.
FAITH-LESS *serrant d'une main celle du François, & le menaçant avec l'autre qu'il ferme.*
De tout mon cœur. Vous voyez mon amour pour la paix.
LE MARQUIS.
Je ne vous céderai jamais de ce côté-là.
FAITH-LESS.
Vous êtes témoin de ma candeur & de ma confiance.
LE MARQUIS.
J'y répons avec toute la bonne foi dont je suis capable.
FAITH-LESS.
A propos, il m'est revenu que vous aviez des vûes sur le cœur de Picolette. Vous n'ignorez pas qu'elle m'aime.
LE MARQUIS.
Dès que j'ai sçû qu'elle avoit disposé de son cœur en faveur d'un autre que moi, j'ai renoncé à toutes mes prétentions sur elle.
FAITH-LESS.
Vous n'irez donc pas sur mes brisées ?
LE MARQUIS.
Non, je vous en donne ma parole d'honneur.
FAITH-LESS *à part.*
Il me craint.

Le Marquis.

Nous ne nous brouillerons jamais pour un pareil sujet. Si Picolette m'eût aimé, je pense que vous n'auriez pas balancé à m'en faire le sacrifice d'aussi bon cœur que je vous le fais.

Faith-less.

Sans doute, & si son cœur venoit à changer en votre faveur, je vous fais serment que son changement n'en apporteroit aucun dans notre amitié.

Le Marquis.

Voilà ce qu'on appelle agir en véritable ami. Picolette donnera son cœur à qui elle jugera à propos, & de quelque maniere qu'elle le fasse, nous souscrirons tous les deux à son choix.

Faith-less.

Tel est précisément l'arrangement que je vous propose.

Le Marquis.

Si vous l'exécutez de votre part, comme je le suivrai de la mienne, rien ne sera capable d'altérer la bonne intelligence & la parfaite union qui regnent entre nous.

Faith-less.

Vous pouvez compter sur moi. J'apperçois la Gouvernante de Picolette. Laissez-nous, je vous prie, un moment ensemble. J'ai deux mots à lui dire en particulier.

Le Marquis.

Très-volontiers. Je me retire.

SCÈNE VIII.

ISABELLE. FAITH-LESS.

FAITH-LESS.

EH bien ! ma chere, pouvons-nous compter sur la réussite de nos projets ?

ISABELLE.

Oui.

FAITH-LESS.

Je suis au comble du bonheur.

ISABELLE.

Je ne vois pas trop pourquoi.

FAITH-LESS.

Ah Ciel ! que dis-tu ?

ISABELLE.

Que votre bonheur n'est pas si grand que vous vous l'imaginez.

FAITH-LESS *d'un air chagrin.*

Je suis perdu si ce mariage manque. Mon crédit commence à baisser. On n'a déja plus de confiance en moi. Je serai forcé de faire banqueroute ! Dis, quel obstacle s'oppose à mon bonheur.

ISABELLE.

Hélas, je n'ose vous annoncer.....

FAITH-LESS.

Parle librement, ne crains rien pour moi. Si je dois être malheureux, ce ser me délivrera d'une vie qui me deviendroit à charge.

COMÉDIE. 29

ISABELLE.

Comme vous y allez. Ce n'est pas que vous soyez malheureux. Vos affaires vont le mieux du monde.

FAITH-LESS.

Ah ! je respire.

ISABELLE *riant.*

Que ces ambitieux sont sots ! Un petit mot de plus ou de moins les accable ou les transporte.

FAITH-LESS.

Pourquoi me laissois-tu dans une aussi cruelle incertitude ?

ISABELLE.

Pour faire valoir les bonnes nouvelles que je vous apporte. Tenez, lisez ce tendre poulet que ma Maîtresse écrit à D. Fernand.

FAITH-LESS *après avoir lû bas.*

La bonne lettre ! mais crois-tu qu'elle puisse réussir.

ISABELLE.

D. Fernand est naturellement fier. Il ne daignera pas même entrer dans un éclaircissement.

FAITH-LESS.

Le François me tient au cœur. Il me semble que si nous pouvions d'abord nous en défaire, nous aurions ensuite meilleur marché de l'Espagnol. Il me vient une idée. Ce billet a-t-il une suscription ?

ISABELLE.

Non.

FAITH-LESS.

Donne, que j'en mette une. (*il écrit.*)

ISABELLE.

Que faites-vous donc ?

FAITH-LESS *lui montrant le dessus de la lettre.*
Voi.
ISABELLE.
Vous l'adressez au François ?
FAITH-LESS.
Oui, & je te prie de la lui faire tenir.
ISABELLE.
L'idée est excellente. Il sera bien adroit s'il pare ce coup-là. (*à part.*) Le bon petit caractere !
FAITH-LESS.
Je le vois venir fort à propos. Fais bien ta commission.
ISABELLE.
Rapportez-vous-en à moi.

SCÈNE IX.
ISABELLE. LE MARQUIS.

LE MARQUIS.
FAITH-LESS n'est plus ici.
ISABELLE.
Non, que lui voulez-vous ?
LE MARQUIS.
Je le cherche pour m'éclaircir au sujet de quelques soupçons qu'on vient de me donner sur son compte. Se pourroit-il que, sous un beau semblant d'amitié, il me jurât en secret une haine implacable, & qu'il ne cherchât que l'occasion de la faire éclater avec avantage ? On ajoute qu'il

COMÉDIE. 31

fait tout ce qui dépend de lui pour me mettre mal dans l'esprit de nos amis. Il a bien tort. Tout le monde sçait sur quels principes je me conduis. J'ose même dire qu'il a lui-même éprouvé ma modération & ma générosité. Il m'accuse d'ambition & de turbulence, tandis qu'il sçait, à n'en pouvoir douter, que je n'aspire qu'à la paix.

ISABELLE.
Peut-être tout ceci n'est-il qu'un *mal-entendu*.

LE MARQUIS.
Non, non, je le tiens de trop bonne part. On assure que sa haine aveugle & jalouse va jusqu'à me prêter des vûes illégitimes sur ses conquêtes. A moi, à qui elles ne sont jamais venu en pensée !

ISABELLE.
Et avec raison ; car ç'auroit été en pure perte.

LE MARQUIS.
Qu'entendez-vous par-là ?

ISABELLE *le quittant brusquement*.
Lisez. Picolette va vous le dire.

SCÈNE. X.

LE MARQUIS *lit*.

J'AI *eu la foiblesse de vous laisser voir ce que je sentois pour vous : mais votre indifférence m'en a bien punie. Je gagne à votre infidélité. Elle me corrigera. Renoncez pour jamais à me voir.* PICOLETTE.

Je n'y puis rien comprendre. (*Il relit.*) *J'ai eu la foiblesse de vous laisser voir ce que je sentois pour vous.*

Elle a donc été sensible à mon amour ? On n'écrit pas ainsi à quelqu'un qu'on n'a pas aimé. (*Continuant de lire*) Mais votre indifférence m'en a bien punie. Mon indifférence ! Aussi pourquoi l'ai-je quittée si brusquement ? Hélas ! si je n'avois pas écouté une sotte délicatesse, je serois aujourd'hui le plus heureux des hommes. Mais, où m'entraîne une aveugle passion ? Quoi ! j'aurois manqué aux égards que prescrit la loi naturelle & l'honneur ? Non : je ne me repens pas d'avoir bien fait. Je perds le cœur de Picolette, il est vrai ; mais j'acquerrai l'estime de tous les honnêtes gens.

SCÈNE XI.

PICOLETTE. LE MARQUIS.

PICOLETTE *sans être entendue du Marquis.*

D. Fernand est bien hardi d'oser venir chez moi après la lettre qu'il m'a écrite.

LE MARQUIS *se retournant.*

J'entens Picolette.

PICOLETTE *sans voir le Marquis.*

Le perfide ! il me dédaigne.

LE MARQUIS *à part.*

Elle est irritée contre moi.

PICOLETTE *sans voir le Marquis.*

C'en est fait. Je ne veux plus penser à ce monstre.

LE MARQUIS *à part.*

Evitons sa présence. J'augmenterois sa juste colère.   PICOLETTE

COMÉDIE.

PICOLETTE *au Marquis qui se dispose à sortir.*

Vous me fuyez. Ah ! donnez plûtôt quelque consolation à une Amante abusée que l'on réduit au désespoir.

LE MARQUIS *à part.*

Que signifie tout cela ?

PICOLETTE.

Entrez dans ma peine ?

LE MARQUIS *à part.*

Je n'y comprends rien.

PICOLETTE.

Si vous aimiez quelqu'un, ne seriez-vous pas en droit d'exiger du retour ?

LE MARQUIS.

Oui, si nulle inclination n'engageoit le cœur de la personne que j'aimerois, autrement je crois que j'aurois tort d'en attendre.

PICOLETTE.

Je suppose par exemple que vous m'aimez beaucoup......

LE MARQUIS.

Ce n'est pas une supposition.

LA MAHONOISE.

PICOLETTE *à part.*

Qu'il est aimable ! (*haut.*) Que mon cœur est libre......

LE MARQUIS.

Hélas non, pour mon malheur, il ne l'est pas.

PICOLETTE. *sans marquer d'impatience.*

Vous m'impatientez. Écoutez-moi jusqu'à la fin.

LE MARQUIS.

Elle n'imagine tout ceci que pour se venger & pour se mocquer de moi.

PICOLETTE.

Je suppose donc que je vous aime.

LE MARQUIS.

Vous me mettez à de rudes épreuves.

PICOLETTE *à part.*

Que ne peut-il sçavoir ce qui se passe dans mon cœur ? (*haut & d'un air troublé*) Je m'apperçois... que... je... suis aimée de vous.

LE MARQUIS *froidement & se croisant les bras.*

Eh bien ?

PICOLETTE *à part.*

Quel trouble m'agite ! L'expression me manque !

COMÉDIE.

LE MARQUIS.

Oh pour le coup ceci passe la raillerie. Madame, contentez-vous des vœux qu'un autre vous adresse, & n'insultez pas un malheureux qui craint de vous aimer.

PICOLETTE *tendrement*.

Non, mon cher Marquis. Vous le dirai-je ? Vous seul pouvez faire le bonheur de ma vie.

LE MARQUIS.

Je suis confus, Madame. Mais je sais que vous aimez Faith-less. Je ne puis répondre à vos bontés sans manquer à l'équité, à l'honneur, à ma parole.

PICOLETTE.

J'aime Faith-less. Non, Marquis. Je vous proteste au contraire que toutes ses manœuvres ne détruiront jamais le fond d'aversion que j'ai pour lui.

LE MARQUIS.

Son amitié vient de m'assurer du contraire. Que ne puis-je, sans la blesser, vous montrer tout ce que l'amour m'inspire.

PICOLETTE.

Que vous êtes bon, Marquis. Vous avez des ménagemens excessifs pour un homme qui vous déteste. Croyez-moi, il est indigne de votre amitié &

de mon amour. Ignorez-vous donc que le barbare vient d'assassiner cruellement un homme qui vouloit faire sa paix avec vous. Non Marquis je ne l'aime point. Vous êtes aujourd hui le seul homme au monde qui puisse toucher mon cœur.

LE MARQUIS.

Puis-je accorder ce que j'entens avec ce que vous venez de m'écrire.

PICOLETTE.

Moi !

LE MARQUIS.

Ne m'ordonnez-vous pas de renoncer à vous pour jamais, (*lui remettant la lettre,*) voyez si je vous en impose. Voici la lettre que votre Gouvernante vint de me remettre de votre part.

PICOLETTE *rendant la lettre.*

La méchante ! Ce n'est pas à vous que le billet s'adresse. C'est à D. Fernand. Reprenez tous les droits qu'il avoit usurpés sur mon cœur.

LE MARQUIS *montrant l'adresse de la lettre.*

Vous voyez mon nom, Madame.

PICOLETTE.

Ciel ! Je reconnois le caractere de Faith-less. Oui, c'est-là son écriture. Le traître !

COMÉDIE. 37

LE MARQUIS.

L'infâme!

PICOLETTE.

Vengeons nous. Vous d'un coupable qui vous trahit & moi d'un ingrat qui m'abandonne. Récevez ma main.

LE MARQUIS *baisant la main de Picolette avec transport.*

Ah Madame! Pourrai-je jamais mérirer un pareil bonheur.

PICOLETTE.

Oui, mon cœur me dit que vous n'imiterez jamais D. Fernand. Vous ne serez jamais infidele.

SCÈNE XII.

LE MARQUIS. PICOLETTE.

D. FERNAND.

D. FERNAND (*qui a entendu les derniers mots de la Scène précédente.*)

Non, Madame. D. Fernand n'est point infidéle.

PICOLETTE. *à D. Fernand.*

Comment ! vous ôsez paroître devant moi après la lettre abominable que vous m'avez écrite.

D. FERNAND.

C'est une surprise de la part de votre Gouvernante. Elle a exigé que je l'écrivisse à votre sœur, pour bannir, disoit-elle, des soupçons que vous aviez sur mon attachement.

PICOLETTE.

Que m'apprenez-vous là ? Fatal évenement ! Pourquoi la crainte d'une infidelité m'en fait-elle commettre une. Ne puis-je donner ma main à celui que j'aime, qu'en désespérant celui qui m'adore le plus.

LE MARQUIS.

Ah ! Madame, donnez votre cœur à celui qui le mérite davantage.

PICOLETTE.

Vous le méritez tous deux.

LE MARQUIS *montrant D. Fernand.*

Non, ses longs services, sa constance, son amour, tout vous indique l'objet sur qui doit tomber votre choix.

PICOLETTE.

Cruelle situation !

COMÉDIE.

D. FERNAND.

Je suis confus : Il ne sera pas dit qu'un François l'emporte en magnanimité sur un Espagnol. Généreux Francheville vos sentimens changent mon amour en admiration. Que le Cœur de Picolette en soit le prix. Sa sœur me dédommagera du sacrifice que je vous fais. (*à Picolette.*) Suivez sans balancer les mouvemens de votre cœur. Unissez-moi davantage avec un homme dont je respecte déja la générosité.

LE MARQUIS.

Puis-je espérer, Madame, que vous voudrez bien joindre ma destinée à la vôtre.

PICOLETTE *lui donnant la main.*

Je le veux, Je le dois. Mais j'exige de vous une ardeur éternelle :

LE MARQUIS *se jettant aux pieds de Picolette.*

On m'arrachera plûtôt la vie que de me séparer de vous.

SCÈNE DERNIERE.

PICOLETTE. LE MARQUIS. D. FERNAND.

FAITH-LESS. ISABELLE.

FAITH-LESS.

OH ! oh ! c'est donc ainsi, Monsieur le François, que vous tenez votre parole. Perfide que vous êtes, voilà donc l'effet des beaux sentimens que me faisiez paroître ?

Le Marquis.

Je rougis de les avoir eus. Vous en étiez indigne.

Picolette *au Marquis.*

Ne vous repentez pas d'avoir été généreux. C'est aux traîtres à rougir. (*à l'Anglois.*) Quittez promptement ces lieux, je vous l'ordonne. (*à la Gouvernante.*) Et vous, ne paroissez jamais devant moi. Suivez ce monstre. (*d'un air de mépris.*) C'est le châtiment que vous méritez.

Faith-less *menaçant le Marquis.*

Je te jure que je me vengerai d'une maniere proportionnée à l'outrage sanglant que tu me fais.

Le Marquis.

Je crains peu ces injustes menaces. Vengez-vous en brave homme ; on ne vous craindra pas.

Isabelle *emmenant Faith-less.*

Venez, venez vous tuer pour lui faire piéce.

D. Fernand.

Le beau sujet de Tragédie pour le Polichinel de Londres.

FIN.

www.ingramcontent.com/pod-product-compliance
Lightning Source LLC
Chambersburg PA
CBHW070702050426
42451CB00008B/452